AGAMEMNON

TRAGÉDIE EN CINQ ACTES

IMITÉE DE SÉNÈQUE

PAR LE VICOMTE

HENRI DE BORNIER

Représentée, pour la première fois, à Paris, sur le Théâtre-Français,
le 22 juin 1868

PARIS
MICHEL LÉVY FRÈRES, LIBRAIRES ÉDITEURS
RUE VIVIENNE, 2 BIS, ET BOULEVARD DES ITALIENS, 15
A LA LIBRAIRIE NOUVELLE
—
1868
Tous droits réservés

AGAMEMNON

TRAGÉDIE EN CINQ ACTES

IMITÉE DE SÉNÈQUE

PAR LE VICOMTE

HENRI DE BORNIER

Représentée, pour la première fois, à Paris, sur le Théâtre-Français, le 22 juin 1868

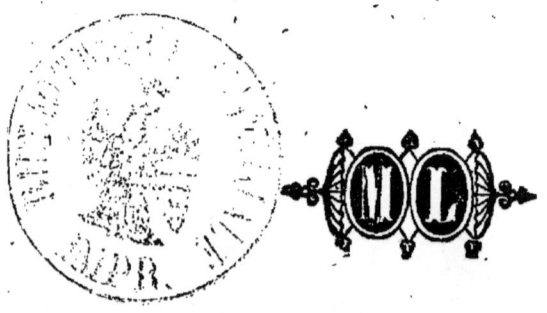

PARIS

MICHEL LÉVY FRERES, LIBRAIRES ÉDITEURS

RUE VIVIENNE, 2 BIS, ET BOULEVARD DES ITALIENS, 15

A LA LIBRAIRIE NOUVELLE

—

1868

Tous droits réservés

Paris. — Imprimerie PILLET fils aîné, 5, rue des Grands-Augustins.

A M. ÉDOUARD THIERRY

Administrateur général du Théâtre-Français

Hommage d'affection et de reconnaissance.

HENRI DE BORNIER

Je serais ingrat si je publiais cette pièce sans remercier les maîtres de la critique qui lui ont fait un si bon accueil ; ils ont relevé, comme ils le devaient, les défauts de l'ensemble et les fautes de détail, mais, avec autant de bienveillance que d'équité, ils ont encouragé l'auteur d'un travail plus délicat et plus pénible qu'il ne semble.

On me permettra seulement de répondre à un reproche, ou plutôt à un étonnement qui s'est manifesté : « Pourquoi n'avoir pas traduit l'*Agamemnon* d'Eschyle, qui est un chef-d'œuvre, au lieu de l'*Agamemnon* de Sénèque, qui est une tragédie de troisième ordre ? » — C'est précisément parce que le drame épique et hiératique d'Eschyle est consacré par l'admiration de tous les temps que je n'aurais pas eu l'audace de m'attaquer à une œuvre si grandiose ; le traduire littéralement eût été une profanation : on m'aurait justement blâmé de prendre avec

Eschyle les libertés qu'on m'a loué d'avoir prises, et que Quintilien déjà conseillait de prendre avec Sénèque.

Dans le monde d'Eschyle, en supposant que le public puisse y entrer, nous nous trouverions *dépaysés*. Sénèque est plus près de nous, nous lui ressemblons davantage, et dans cet art troublé, déclamatoire, je le sais bien, quelque chose de nous se retrouve encore.

D'ailleurs, plusieurs imitations et traductions du théâtre grec ont obtenu en France un succès que je n'aurais pas eu l'espoir de renouveler ; mon espoir, beaucoup plus modeste, a été de donner au public une idée de cette tragédie latine qui est l'aïeule de la nôtre. De même que l'on cherche comment Racine a exprimé, sous des noms antiques, les sentiments et les passions de son temps, de même j'ai voulu montrer comment Sénèque a prêté à des personnages grecs les idées qui agitaient les Romains de son époque ; dans son *Agamemnon* ne cherchez pas Thyeste, Égysthe, Clytemnestre, Cassandre, mais Caligula, Néron, Germanicus, Agrippine, les bourreaux et les victimes que Sénèque avait sous les yeux. C'est pour cela que la tragédie romaine, à l'inverse de la tragédie grecque, prend parti pour le vaincu contre le vainqueur ; *Agamemnon*, c'est la revanche de Troie, et c'est surtout la revanche de Rome contre Néron.

Cette tristesse profonde, cette sorte de désespoir farouche, qui remplissent l'*Agamemnon*, ont été comprises, et je n'ai plus la crainte d'avoir fait jouer à Sénèque le rôle de *collaborateur malgré lui*, que l'on me passe l'expression.

On s'est demandé souvent, et hier encore, si Sénèque le Tragique est le même homme que Sénèque le Philosophe. Les personnes curieuses d'examiner ce point d'histoire littéraire peuvent consulter une thèse latine soutenue en ce moment à la Faculté des lettres; l'auteur, M. H. Tivier, se prononce pour l'affirmative. Après le long travail que je viens de faire, je suis complétement de cet avis.

Remercier les excellents artistes — il faudrait les nommer tous —, auxquels ma pièce doit la meilleure part du succès, est le plus naturel des devoirs. Les rôles d'*Agamemnon*, les rôles d'hommes surtout, ne sont que des silhouettes; l'ampleur, le *plein* qui leur manquent, leur ont été donnés par les acteurs et les actrices du Théâtre-Français; de cette soirée datera, je l'espère, l'avenir de plusieurs d'entre eux. Grâce à leur bonne volonté, grâce à la sollicitude de l'administrateur général, la pièce a été reçue, apprise, jouée en un mois.....
Puisse-t-on ne pas ajouter : et oubliée !

H. DE B.

Paris, 30 juin 1868.

AGAMEMNON

PERSONNAGES

L'OMBRE DE THYESTE .... MM.	Chéry.
EGYSTHE...................................	Sénéchal.
AGAMEMNON................................	Masset.
EURYBATE.................................	Gibeau.
STROPHIUS................................	Prudhon.
CLYTEMNESTRE......................... Mmes	Devoyod.
CASSANDRE	Tordeus.
ELECTRE..................................	Royer.
LA NOURRICE DE CLYTEMNESTRE	Ponsin.
LE CHŒUR DES FEMMES D'ARGOS..............	Lloyd.
LE CHŒUR DES TROYENNES..................	Chapuy.

ORESTE et PYLADE, personnages muets.

Le Théâtre représente une place devant le palais de Pélops, à Argos. A droite le palais, à gauche le temple d'Apollon; au fond la ville d'Argos et la mer.

AGAMEMNON

ACTE PREMIER

SCÈNE PREMIÈRE

(Il est nuit.)

L'OMBRE DE THYESTE.

J'échappe aux noirs cachots de l'infernale rive ;
L'épouvante me suit sur la terre où j'arrive,
Comme elle m'assiégeait aux enfers d'où je sors ;
Je fais fuir les vivants comme je fuis les morts.
Tremble, Thyeste : c'est la maison de ton père !
Tremble, Thyeste : c'est la maison de ton frère !
C'est bien le vieux palais de Pélops ; c'est ici
Qu'on couronnait les rois ; leur trône, le voici ;
Là se tenait leur cour ; là se dressait leur table
Pour les festins publics..... Souvenir détestable !
Redescendons ! Mieux vaut le Styx, mieux vaut revoir
Cerbère, balançant ses trois cous au poil noir,
Sur sa roue éternelle Ixion qui tournoie,
Tityus, des vautours la renaissante proie,
Sisyphe haletant, poussant son lourd rocher

Qui roule loin du but au moment d'y toucher,
Tantale, au sein des flots, brûlé d'ardentes fièvres,
Poursuivant l'eau qui fuit de ses avides lèvres,
Horrible châtiment d'un festin criminel.....
Nous l'avons dépassé, ce forfait paternel !
Quand je compte les noms de ma race maudite
Dans cette urne où la main de Minos les agite,
De tant d'hommes sans cœur, sans pudeur et sans foi,
Quel est le plus atroce? Après mon frère, moi !
La chair de mes trois fils m'a servi de pâture ;
Ma volonté du moins d'un tel crime était pure ;
Mais lorsque le destin précipitait mes pas
Vers l'inceste et le rapt... je ne l'ignorais pas !
Ainsi, lugubre auteur de ma double famille,
Un fils digne de moi m'est donné par ma fille ;
Aïeul, père et mari tout ensemble, j'ai fait
Reculer le soleil honteux de mon forfait !
Eh bien ! même aux enfers, pour bonheur il me reste
Cette fécondité du rapt et de l'inceste ;
Le fruit qu'ils ont porté m'en ôte le remord,
Et mon crime, du moins, avec moi n'est pas mort !
— Enfin, voici l'instant des fureurs ordonnées
Pour l'accomplissement des lentes destinées :
Le chef des chefs, vainqueur de Troie, Agamemnon
De qui mille vaisseaux portaient au loin le nom,
Rentre dans son palais où l'épouse barbare
L'attend..... Que fera-t-elle? Un festin se prépare;
Mais le fer, les couteaux et les haches sont là :
Viens, Égysthe, mon fils : tu naquis pour cela !
Eh ! quoi ! ton cœur se trouble et la honte t'arrête ?
Pourquoi délibérer quand la vengeance est prête ?
Souviens-toi de ta mère, et, sans plus t'émouvoir,
Venge-la, venge-moi ; frappe : c'est ton devoir !
Et toi, que nos forfaits jadis mirent en fuite,
Lumière ! Cette fois éclaires-en la suite,

Et sur ces murs maudits, de sang bientôt couverts,
Verse tous tes rayons, flambeau de l'univers !
— Mais c'est l'heure où devraient s'effacer les étoiles....
D'où vient que si longtemps le ciel garde ses voiles ?
Qui peut donc du soleil empêcher le retour ?
Moi sans doute ! C'est bien : rendons le monde au jour !

(L'ombre de Thyeste s'éloigne; le jour paraît. — Entre le chœur des femmes d'Argos.)

SCÈNE II

CHŒUR DES FEMMES D'ARGOS.

I

O Fortune, qui trompes même
Les plus puissants et les meilleurs,
Tu places la grandeur suprême
Près d'un gouffre couvert de fleurs;
Ces maîtres du sceptre et du glaive,
Le sort les brise ou les relève,
Un orage habite leur sein;
Des révolutions sans nombre
Les assiégent d'un flot plus sombre
Que les vagues du Pont-Euxin!

II

Leur sommeil tourmenté prolonge
Leurs alarmes ou leurs fureurs;
Ils sont à la fois, même en songe,
Fiers et tremblants de nos terreurs;
Leur pouvoir qui nous émerveille,
Un crime l'a fondé la veille,
Un crime l'abattra demain;
Pudeur, justice, tout s'efface,
Et l'on voit régner en leur place
Bellone à la sanglante main !

III

Souvent même, tombent sans lutte
Les trônes placés le plus haut;
Leur poids seul suffit à leur chute.....
Grandeur funeste! — Heureux plutôt,
Heureux l'homme content de vivre
Loin des orages, qui ne livre
Sa voile qu'au zéphyr joyeux
Et glisse, écoutant leurs bruits vagues,
Sur le mobile azur des vagues,
Sous l'immobile azur des cieux!

FIN DU PREMIER ACTE.

ACTE DEUXIÈME

SCÈNE PREMIÈRE

CLYTEMNESTRE, LA NOURRICE.

CLYTEMNESTRE (à part).

Pourquoi délibérer et flotter dans le doute,
Ame faible ? Il n'est plus pour moi de bonne route.
J'ai su garder d'abord, ferme dans mon devoir,
De mon époux absent l'honneur et le pouvoir ;
Un jour a tout détruit ; mon forfait est mon maître ;
La pudeur, une fois morte, ne peut renaître ;
Plus de frein désormais ! Aux crimes de demain
Que les crimes d'hier éclairent le chemin !
Rappelons-nous, voulant les prendre pour modèles,
Les célèbres forfaits des femmes infidèles,
L'amour fatal où Phèdre égara sa raison,
La fuite de Médée et l'œuvre du poison ;
A son exemple, avec l'amant qui m'a séduite,
Montons sur le vaisseau préparé pour la fuite...
Eh ! quoi ? Furtivement je quitterais ces lieux ?
Ma sœur Hélène a fait ainsi : je ferai mieux !

LA NOURRICE.

Reine, pourquoi ce trouble et ce regard farouche ?
Ton visage en dit plus que ne dirait ta bouche ;
Quels que soient tes desseins, choisis ton heure, attends :
Tel mal où la raison ne peut rien, cède au temps.

CLYTEMNESTRE.

Mon mal est trop cruel pour des attentes vaines ;
Le feu brûle mon cœur, le feu court dans mes veines,
La fureur et l'effroi s'y mêlent tour à tour ;
Liée, en rougissant, au joug d'un vil amour,
Jalouse par orgueil d'un époux que j'abhorre,
Ma pudeur m'abandonne et se révolte encore.
Comme la mer qui semble indécise souvent
Quand le flux qui montait lutte contre le vent,
Je renonce à l'espoir de gouverner ma vie ;
Je vais où la douleur, l'espérance, l'envie,
Me conduiront : quand l'âme erre de toute part,
Le guide le meilleur, c'est encor le hasard !

LA NOURRICE.

Aveugle, qui le prend ; qui le suit, téméraire !

CLYTEMNESTRE.

Quel sort, dans l'avenir, me serait plus contraire ?

LA NOURRICE.

Ta crainte, calme-la ; tes fautes, cache-les.

CLYTEMNESTRE.

Le vice brille et perce à travers nos palais.

LA NOURRICE.

Ton cœur d'un crime ancien frémit, et recommence !

CLYTEMNESTRE.

Sur la pente du mal s'arrêter est démence.

LA NOURRICE.

Nouveau crime, — nouveau péril, nouvel effroi !

CLYTEMNESTRE.

C'est le fer et le feu qui guérissent, crois moi.

LA NOURRICE.

On n'en vient pas si vite aux remèdes extrêmes.

CLYTEMNESTRE.

C'est l'audace qui sauve en ces crises suprêmes.

ACTE DEUXIÈME.

LA NOURRICE.

Qu'à tes yeux les devoirs d'épouse soient présents,
Que ton mari...

CLYTEMNESTRE.

Je fus veuve pendant dix ans !

LA NOURRICE.

Pense que tes enfants sont les siens, considère...

CLYTEMNESTRE.

D'Iphigénie aussi je sais qu'il fut le père !
Ce titre, grâce auquel tant de pleurs ont coulé,
Va, je n'ai pas besoin qu'il me soit rappelé !
O honte ! O désespoir ! Moi, fille de Tyndare,
Fille des dieux ! j'ai donc pour cet autel barbare
Enfanté la victime ! Hélas ! devant mes yeux
Je crois toujours le voir, ce spectacle odieux
Où l'âme de Pélops d'un feu sinistre brille ;
Il était là, le père atroce de ma fille,
Debout près de l'autel ! — Tous les Grecs, et Calchas
Lui-même... Agamemnon lui seul ne frémit pas !
O famille exécrable, ô race de Tantale
Où le crime vainqueur sur le crime s'étale !

LA NOURRICE.

Du moins, ce sacrifice a sauvé nos vaisseaux
Que la mer immobile enchaînait dans ses eaux,
Et le vent réveillé vint soulever les voiles.

CLYTEMNESTRE.

Ils ne partirent pas sous d'heureuses étoiles !
L'Aulide de ses ports chassa ces inhumains,
Et ce jour eut pour eux de pires lendemains :
Le fier Agamemnon a ravi la prêtresse
D'Apollon, d'une esclave il a fait sa maîtresse ;
Les Augures en vain croyaient l'épouvanter,
A Calchas, cette fois, il savait résister !
Les Grecs semblent vaincus ; qu'importe, si l'Asie
Offre à ce roi des rois la maîtresse choisie !

1.

Enlevant Briséis, enflammant le courroux
D'Achille, se riant de l'honneur des époux,
C'est ainsi sur Pâris qu'il vengeait notre injure !
Et maintenant il vient, ravisseur et parjure,
Sans prévoir ma douleur ou ma rébellion,
Couronner dans Argos la fille d'Ilion,
Et dès que sur ces bords on les verra descendre,
Il peut donner ma couche et mon sceptre à Cassandre !
— Prépare-toi, mon âme, à ces rudes combats ;
Prends les devants du crime, et frappe ! N'attends pas
Qu'au front de sa Troyenne il ait mis ta couronne ;
Qui pourrait t'arrêter, qui l'oserait ? Personne ;
Quel intérêt ? Aucun ; ton fils, tes filles ? Non :
Songe quel avenir leur garde Agamemnon !
Va, malheureuse ! au lieu de te laisser abattre,
Va sauver tes enfants des mains de leur marâtre ;
Elle vient furieuse : Allons ! Frappe au plus tôt ;
Que tes flancs soient percés du glaive, s'il le faut,
Mais que le même fer le frappe à la même heure,
Mêle ton sang au sien, et meurs pourvu qu'il meure !

LA NOURRICE.

Calme-toi, reine, et songe à bien envisager
Non plus l'horreur d'un tel forfait, mais le danger.
Il revient, ce vainqueur des Phrygiens en larmes ;
Contre ce roi des rois, quelles seront tes armes ?
Ce héros qu'une femme espère vaincre ici,
A répandre son sang aucun n'a réussi,
Aucun des plus vaillants et des plus redoutables,
Achille, Hector, Pâris aux traits inévitables,
Ajax, le noir Memnon, le Xanthe mugissant,
Roulant les soldats morts dans ses flots teints de sang,
Cycnus, fils de Neptune, et la libre Amazone
Portant le lourd carquois où la flèche résonne !
Ce héros dont ta main apprête le trépas,
Penses-tu que les Grecs ne le vengeraient pas ?

Vois les calamités d'une pareille guerre,
Tous les malheurs que Troie a dus aux Grecs naguère
Se retournant sur nous, grâce à ta trahison...
CLYTEMNESTRE.
Assez ! Égysthe vient ! — Peut-être as-tu raison !

SCÈNE II

ÉGYSTHE, CLYTEMNESTRE, LA NOURRICE.

ÉGYSTHE.
Le voici donc, ce jour qu'un oracle funeste
M'a trop prédit ! Pourquoi frémir, fils de Thyeste ?
Puisque le ciel te voue à ce destin fatal,
Accepte sans pâlir l'hérédité du mal !
Quand viendra l'heure, affronte et le fer et la flamme ;
La mort même n'est rien, ne pouvant rien sur l'âme !
CLYTEMNESTRE.
Qui naquit comme toi ne perd rien à la mort,
Égysthe !
ÉGYSTHE.
    Clytemnestre, il faut, puisque le sort
Le veut, m'accompagner jusqu'au bout de ma tâche ;
Il faut que ton époux, père indigne et roi lâche,
Paye aujourd'hui le sang de ta fille !... Mais quoi ?
D'où viennent ta pâleur, ton trouble, ton effroi ?
CLYTEMNESTRE.
Égysthe, je m'arrête, et ma faute me pèse ;
N'allons pas plus avant dans la route mauvaise ;
Il n'est jamais trop tard ; et qui veut en sortir
Retrouve l'innocence avec le repentir !
ÉGYSTHE.
Ces remords que la peur jette dans ta pensée,
Crois-tu qu'Agamemnon les éprouve, insensée !

Tu pourrais, t'abaissant jusqu'à lui faire accueil,
Désarmer son courroux, mais non pas son orgueil :
Si les Grecs ont maudit sa jactance importune
Lorsque de Troie encor résistait la fortune,
Comme il doit s'enivrer d'un triomphe si grand !
Il partit roi d'Argos, il y rentre tyran.
Je crois le voir, parmi les pompes triomphales,
Superbe, t'amener tes indignes rivales ;
Cassandre — que les Dieux t'épargnent ce danger ! —
Habile et fière, vient avec toi partager...
Non ! non ! d'un tel partage elle serait jalouse,
Et l'esclave à ses pieds verra bientôt l'épouse.

CLYTEMNESTRE.

Tu voudrais rallumer mon courroux presque éteint,
Égysthe ? Agamemnon, d'un fol amour atteint,
Dépasse trop les droits que la victoire donne ;
Mais, reine, je l'ignore ; épouse, je pardonne !
Que dis-je ? Au souvenir de mes fautes à moi,
Puis-je ainsi condamner mon époux et mon roi ?
En proie à des terreurs qu'à peine je surmonte,
Tant de sévérité sied mal à tant de honte !

ÉGYSTHE.

Tu crois en pardonnant obtenir ton pardon !
Les maximes des rois, tu les ignores donc ?
Inflexibles pour nous, indulgents pour eux-mêmes,
Le droit de faillir seuls tient à leurs droits suprêmes,
Et qui franchit comme eux les bornes du devoir
Leur semble faire outrage au souverain pouvoir !

CLYTEMNESTRE.

Nous voyons Ménélas moins cruel pour Hélène ;
Des maux qu'elle a causés la Grèce est encor pleine ;
Ménélas cependant lui pardonne aujourd'hui.

ÉGYSTHE.

C'est que nul autre amour ne le dominait, lui !

Son cœur restait fidèle à la coupable absente,
Tandis qu'Agamemnon te hait, même innocente !
Le délivrant de toi, ta faute lui plairait ;
Son désir a déjà prononcé ton arrêt ;
Suppose-toi n'ayant nul reproche à te faire,
Sa haine cherchera de quoi se satisfaire ;
Si tu rêves l'exil, quel espoir est le tien !
Le divorce est mortel aux reines, crois-le bien ;
Tu ne rentrerais plus dans Sparte, ta patrie.

CLYTEMNESTRE.

Jusqu'ici nul soupçon n'éveille sa furie ;
Ma seule confidente est fidèle.

ÉGYSTHE.

         Tu crois
Que la fidélité s'attache au seuil des rois !

CLYTEMNESTRE.

Par de riches présents celle-ci m'est acquise.

ÉGYSTHE.

L'or peut en triompher, comme l'or l'a conquise !

CLYTEMNESTRE.

Quand mon âme revient à l'ancienne vertu,
Sombre et fatal Égysthe, enfin, que me veux-tu ?
Je lis trop ton espoir dans ton conseil perfide :
Penses-tu que j'irais, moi l'épouse d'Atride,
Quitter ce trône auquel mon destin est uni,
Pour devenir demain l'épouse d'un banni !

ÉGYSTHE.

Je le vois, l'amour fuit, mais l'injustice reste :
Je vaux le fils d'Atrée, étant fils de Thyeste !

CLYTEMNESTRE.

Son petit-fils aussi !

    ÉGYSTHE (montant à l'autel du milieu.)

         Mépris injuste encor :
Le dieu qui dans les airs lance ses flèches d'or

Par la voix d'un oracle ordonna ma naissance,
Et m'en faire rougir n'est pas en ta puissance !

CLYTEMNESTRE.

Oses-tu, toi le fruit d'un amour odieux,
Exalter ta naissance et l'imputer aux dieux ?
Mon mépris..... je sais trop, pour qu'il puisse se taire,
Par quels chemins furtifs tu vas à l'adultère !
Adieu, pars ! Laisse-moi retrouver ma raison,
Toi l'opprobre vivant d'une illustre maison !

ÉGYSTHE.

L'exil n'est pas nouveau pour moi ; — ni la souffrance !
Je ne redoute rien, hors la fausse espérance !
Si ma mort te plaît mieux, parle : j'enfoncerai
Le glaive dans ce cœur de chagrins dévoré ;
Je vais...

CLYTEMNESTRE.

Tais-toi ! Les dieux m'ont fait l'âme plus haute ;
Égysthe, je serai plus fidèle à ma faute !
Viens, cherchons, loin des yeux de ce peuple importun,
Les moyens de salut.....

ÉGYSTHE.
Tu sais qu'il en est un !

(Égysthe et Clytemnestre, après avoir échangé un long regard, entrent dans le palais,
pendant l'arrivée du chœur suivant.)

SCÈNE III

CHŒUR DES FEMMES D'ARGOS.

I

Que notre joie enfin renaisse :
Les Grecs vainqueurs sont de retour ;
Chante les dieux, belle jeunesse !
Chantons d'abord le dieu du jour :

Apollon aux flèches ailées,
Nos chevelures déroulées
Et ces fleurs aux lauriers mêlées,
Nous te les offrons, dieu des vers ;
Vois cette foule qui s'incline :
Ce sont les vierges d'Erasine,
D'Ismène, de Thèbes, d'Egine
Et de l'Eurotas aux flots verts !

II

Par toi nous goûterons encore
La paix, ce doux présent des dieux ;
Détache ton carquois sonore
Et prends ton luth mélodieux ;
Phœbus ! Prodigue à notre oreille
La douceur de tes chants, pareille
Au bruit des ailes d'une abeille
Et qui charme les doctes Sœurs ;
Dis-nous, sur un rythme sublime,
Les Titans plongés dans l'abîme
Et Jupiter, de cime en cime,
Foudroyant ces envahisseurs !

III

O protectrice de Mycènes,
Par toi s'accomplit, ô Junon,
La chute des cités hautaines,
Puis le retour d'Agamemnon ;
Fille du maître du tonnerre,
Pallas, terrible aux jours de guerre,
Ta lance a renversé naguère
Les murs des Troyens éperdus.....
Ces fleurs, ces flambeaux qui vont luire,
Ce peuple heureux dans son délire,
Ces chants suaves de la lyre,
Tous ces hommages vous sont dus !

IV

Honneur à toi, triple déesse,
Diane, Lucine, Phœbé,
Dont la vengeance fait sans cesse
Couler les pleurs de Niobé !

A toi surtout ces chants de fête,
Dieu de la foudre toujours prête,
Qui d'un mouvement de ta tête
Ébranles la terre et les cieux ;
Accueille, auteur de notre race,
Tes enfants qui te rendent grâce
Et qui n'ont pas perdu la trace
De tant de héros, leurs aïeux !

Mais voici qu'un guerrier du côté de la grève
Vient ; au fer de sa lance un laurier vert s'élève,
Emblème d'allégresse. Eurybate est son nom ;
C'est lui, c'est le fidèle ami d'Agamemnon.

FIN DU DEUXIÈME ACTE.

ACTE TROISIÈME

SCÈNE PREMIÈRE

EURYBATE, CLYTEMNESTRE, PEUPLE.

EURYBATE.

Autels des dieux d'Argos, c'est donc vous que j'adore !
Murs sacrés, c'est donc vous que je revois encore !
Après dix ans d'exil, enfin, dieux immortels,
Moi ! C'est moi qui m'incline au pieds de vos autels !
— Peuple, longtemps bercé d'une espérance fausse,
Payez votre tribut au ciel qui vous exauce :
Louez les dieux ! Bientôt, malgré le sort fatal,
Agamemnon aura touché le sol natal.

CLYTEMNESTRE.

Tu m'apportes sans doute un fortuné message,
Eurybate ! Réponds, cependant : quel rivage
Retient encor ce roi si longtemps attendu ?

EURYBATE.

Agamemnon tout près d'Argos est descendu.

CLYTEMNESTRE.

Nous allons donc offrir de dignes sacrifices
Aux dieux lents à combler nos vœux, quoique propices.
— Et maintenant, dis-moi, ma sœur et Ménélas,
Où sont-ils ? Leur destin.....

EURYBATE.

     Nous l'ignorons, hélas !
Nous-mêmes..... Mais ta vue au silence m'invite,
Reine ; tu connaîtras nos malheurs assez vite !

CLYTEMNESTRE.

Parle : l'incertitude est un tourment de plus;
Les maux les plus cruels sont les maux mal connus.

EURYBATE.

Les Grecs, dès que les feux ont dévoré Pergame,
Partent ; le vent fraîchit, la voile aide la rame,
Et bientôt disparaît pour notre œil incertain
Troie encore fumante à l'horizon lointain.
Quand la voile se gonfle au souffle de Borée,
Le soldat, s'étendant sur la poupe dorée,
Abandonne la rame, et, fatigué, mais fier,
Se complaît au récit des batailles d'hier.
Tout à coup, ordinaire et sinistre présage,
Sur la pourpre du soir monte un léger nuage ;
Les étoiles naissaient dans l'infini des cieux ;
Le vent tombe soudain ; un bruit mystérieux
Descend des monts voisins aux rochers de la rive ;
L'onde frémit, sentant que la tempête arrive...
La voici ! Hérissé de flots noirs, l'Océan
Se dresse vers le ciel comme un sombre géant ;
Double nuit : le brouillard opaque et les ténèbres ;
Les quatre vents, mêlant leurs sifflements funèbres,
Courent éperdument, battant nos fronts hagards ;
Nuit perfide ! La foudre est douce à nos regards :
Elle nous montre, au moins, clarté de la tempête,
Ce qu'a fait l'Océan et ce qu'il nous apprête ;
Quel spectacle ! Partout la flotte se détruit ;
Les flancs des lourds vaisseaux se heurtent dans la nuit ;
L'épouvantable mer les brise, les dévore,
Et poursuit en hurlant ceux qui luttent encore.
L'espoir nous abandonne, et maîtres et captifs
Ensemble vers les cieux poussent des cris plaintifs ;
O retour des destins ! Chacun de nous envie
Ceux qui devant Pergame ont terminé leur vie :
Pour toujours s'est mêlé, sur leur front calme et fort,

Le baiser de la gloire au baiser de la mort ;
Toute place est illustre où le héros succombe :
Elle fut sa conquête avant d'être sa tombe !
Mais nous ! jouets des flots, dans cet obscur trépas,
Nous implorons le ciel qui ne nous entend pas :
La mer retient nos voix et nos prières vaines.
Un désastre plus grand met l'effroi dans nos veines :
Ajax, que tant d'efforts n'avaient pas épuisé,
Voit son vaisseau frappé de tonnerre et brisé ;
Son courage résiste à la fureur divine,
Il divise la mer de sa large poitrine,
Gagne un rocher, et là, debout sur cet écueil,
Tout brûlé par la foudre, il crie avec orgueil :
« Dieux, je vous ai vaincus, et Jupiter lui-même... »
Ajax n'a pas le temps d'achever son blasphème ;
Le rocher, que Neptune ouvre de son trident,
Engloutit le héros dans l'abîme grondant.
Bientôt, nouveau malheur : aux rives de l'Aulide
Des feux sont allumés par une main perfide ;
Nous y cherchons le port, nous trouvons des récifs
Battus incessamment par les flots convulsifs ;
La rage de la mer près du rivage augmente ;
Enfin, le jour paraît, apaisant la tourmente,
Et nous gagnons le port espéré si longtemps ;
Mais Troie est bien vengée, et ses dieux sont contents !

CLYTEMNESTRE.

O ciel ! quand le destin, heureux et déplorable,
Me rendant mon époux, me le rend misérable,
Dois-je, mêlant mon deuil aux pompes d'un tel jour,
Pleurer son infortune ou fêter son retour ?
Fêtons-le cependant : qu'une blanche génisse
Soit aux dieux apaisés offerte en sacrifice,
Que la flûte sacrée avec des sons joyeux.....
Que vois-je ? Cette foule inconnue à mes yeux,
Ces femmes...

EURYBATE.

Leurs cheveux épars, leurs voix plaintives,
Te le disent : ce sont les Troyennes captives ;
Cassandre les conduit.

CLYTEMNESTRE.

Ah! c'est elle?... (A part.) Eh bien, non,
Je ne fléchirai pas : Égysthe avait raison !

(Clytemnestre sort, suivie d'Eurybate.)

SCÈNE II

CASSANDRE, LE CHŒUR DES TROYENNES.

LE CHOEUR DES TROYENNES.

I

D'où vient que l'homme, hélas! aime cette souffrance
Qu'on appelle la vie, amer présent du sort,
Tandis qu'il peut toujours trouver la délivrance
Et se réfugier dans les bras de la mort?
O calme du tombeau! profond et sûr asile!
Rien n'en peut plus troubler la majesté tranquille,
Ni les coups du destin, ni la guerre civile,
Ni les cris du vainqueur et son joug odieux,
Ni les peuples tremblants offerts en hécatombe ;
L'homme hardi qui s'ouvre à soi-même la tombe
    Devient, libre dès qu'il y tombe,
    Égal aux rois, égal aux dieux !

II

Ne pas savoir mourir, c'est le malheur suprême!
Nous avons vu la flamme engloutir Ilion ;
Vainqueurs par un nocturne et honteux stratagème,
Les chasseurs dans son antre ont surpris le lion.
Aujourd'hui tout l'aspect de cette horrible histoire
Sur la terre d'exil revient à ma mémoire :
Je revois notre Hector trahi par la victoire,
Et la chute du temple et celle du rempart ;
Ah! d'un malheur plus grand le souvenir me touche :
Je vois Priam saisi par le vainqueur farouche,
    Et Pyrrhus, l'injure à la bouche,
    Égorgeant le pâle vieillard!

ACTE TROISIÈME.

CASSANDRE.

O Troyennes ! vos voix tristes peuvent se taire ;
Pour vos tourments futurs gardez, gardez vos pleurs ;
Mon infortune, à moi, veut être solitaire,
Mes larmes suffiront à toutes mes douleurs !

LE CHOEUR.

I

Il est doux de pleurer ensemble
Les maux qu'ensemble on a soufferts,
Et la même plainte rassemble
Ceux qui portent les mêmes fers !

II

Comment ta voix suffirait-elle
A pleurer tes bonheurs détruits ?
Ni la plaintive Philomèle,
Ni le lugubre oiseau des nuits,

III

Ni l'hymne funèbre du cygne,
Ni les cris aigus d'Alcyon,
Ne formeraient une assez digne
Et sombre lamentation !

Cassandre ! qu'ai-je vu ? quelle fureur te presse ?
Pourquoi jeter au loin tes bandeaux de prêtresse ?
C'est en rendant hommage aux dieux qu'on les fléchit !

CASSANDRE.

De les craindre, du moins, mon malheur m'affranchit !
Les honorer ne sert pas plus que leur déplaire,
Ils se sont désarmés à force de colère !
Le sort ne peut plus rien contre moi désormais :
Où donc est ma famille et tout ce que j'aimais ?
Des femmes dont j'ai vu notre demeure pleine,
Une seule n'est pas veuve encor ; c'est Hélène !
Mes frères sont tombés, si vaillants et si beaux,
Et les champs paternels sont peuplés de tombeaux !

Hécube, notre mère, et mère trop féconde
Puisque ses flancs devaient donner Pâris au monde,
Changée en chienne, horrible, aboyant dans la nuit,
Erre sans cesse autour de son palais détruit !

LE CHOEUR.

La prêtresse se tait ! Tous ses membres frémissent,
Son visage pâlit, ses cheveux se hérissent,
Un sourd gémissement de sa poitrine sort,
Son regard devient fixe... O ciel ! Est-ce la mort ?...
Non, ce n'est pas la mort ! Sa tête se redresse,
Elle parle ; Apollon tourmente sa prêtresse.

CASSANDRE.

Quel délire nouveau me saisit, et pourquoi
M'attirez-vous encor, collines du Parnasse ?
Je ne t'appartiens plus, Apollon ! Laisse-moi,
    Éteins mes flammes ; grâce ! grâce !
Que me fait l'avenir, fatale vision,
Puisque je l'ai prédit sans sauver Ilion !
  — Le jour chassé fuit devant l'ombre ;
    La terre, les cieux, tout est sombre...
Non ! non !... A l'Orient brille un double soleil,
Deux villes, deux Argos, lèvent un front pareil...
— Cet enfant, quel est-il ? C'est le fruit de l'inceste ;
Je vous en avertis, rois : craignez cet enfant ;
    Il grandit, obscur et funeste,
Pour fouler vos palais sous son pied triomphant !
— Qui veut-elle immoler, cette femme qui lève
    D'une main terrible ce glaive ?
La lionne en fureur déchire le lion ;
    Argos, Argos venge Ilion !
Ombres de mes parents, vous m'appelez : j'arrive !
    Pressez-vous sur la sombre rive ;
Je vous suis ! Mais d'abord, contemplez, à travers
    Les abîmes ouverts,
Contemplez nos vainqueurs nous vengeant sur eux-mêmes ;

Applaudissez, Troyens, à leurs crimes suprêmes.
Mégère, les reconnaissant,
Agite ses fouets teints de sang ;
Un long frémissement soulève le Ténare,
L'Enfer est satisfait : le meurtre se prépare,
Et, des Grecs contemplant le désastre et le deuil,
Dardanus, notre aïeul, sourit avec orgueil !

LE CHOEUR.

Sous l'inspiration la prêtresse succombe,
Comme aux pieds des autels une victime tombe.
— Qu'entends-je ? Cette foule, où va-t-elle ? Pourquoi
Ces cris joyeux ?.... Ce peuple a retrouvé son roi !

FIN DU TROISIÈME ACTE.

ACTE QUATRIÈME

SCÈNE PREMIÈRE

CASSANDRE, AGAMEMNON, LE CHŒUR, PEUPLE.

AGAMEMNON.
Salut, terre d'Argos ! Longue fut mon absence,
Mais du moins ma victoire a prouvé ta puissance.
Je t'apporte, instrument de tes nouveaux destins,
La dépouille des rois et des peuples lointains ;
La ville des Troyens, la reine au front superbe,
N'est plus qu'un champ de mort que déjà couvre l'herbe !
— Cassandre..... Justes dieux ! D'où vient que la voilà
Pâle et le corps brisé ? Femmes, relevez-là !...
Ses yeux se sont rouverts..... Reviens à toi, prêtresse ;
Nos périls sont passés.... quelle crainte t'oppresse ?
Plus de malheurs ! Regarde autour de nous : ici
Tout est en fête.

CASSANDRE.
Troie était en fête aussi !

AGAMEMNON.
Viens, nos autels sont prêts ; on t'y verra, j'espère.

CASSANDRE.
C'est au pied des autels qu'on égorgea mon père !

AGAMEMNON.
J'implore Jupiter, unis tes vœux aux miens.

CASSANDRE.
Le Jupiter des Grecs, ennemi des Troyens !

AGAMEMNON.
Tu crois voir Ilion dont ta mémoire est pleine.

CASSANDRE.
Je vois un Ilion où je vois une Hélène !

AGAMEMNON.
Clytemnestre n'est pas Hélène, et ta fierté.....

CASSANDRE.
Clytemnestre ?... J'attends d'elle ma liberté !

AGAMEMNON.
Un avenir plus doux calmera ta souffrance ;
Espère......

CASSANDRE.
Oh ! oui : la mort ! C'est ma seule espérance.

AGAMEMNON.
Tes malheurs......

CASSANDRE.
De plus grands vont surgir sous tes pas.

AGAMEMNON.
Que peut craindre un vainqueur ?

CASSANDRE.
Tout ce qu'il ne craint pas !

AGAMEMNON.
Le délire la tient, son Dieu toujours l'obsède ;
Femmes, veillez sur elle, et prêtez-lui votre aide.
Nous, cependant, aux dieux redevenus amis
Allons offrir l'encens que je leur ai promis.
Quand les dieux de nos jours ont renoué la trame,
Ne laissons pas l'orgueil triompher dans notre âme,
Et, comparant aux siens nos exploits inégaux,
Chantez Hercule, maître et protecteur d'Argos !

(Agamemnon sort avec sa suite. Le chœur des femmes troyennes cache Cassandre pendant ce qui suit.)

SCÈNE II

CHŒUR DES FEMMES D'ARGOS.

LE CHŒUR.

Par l'hymne accoutumé que notre voix prononce,
Chassons donc ces malheurs que la Troyenne annonce,
Mêlons nos chants pieux à ses chants irrités :
Guerriers, inclinez-vous ! Jeunes filles, chantez !

I

Argos, terre en héros féconde,
Gloire à toi, ville de Junon,
Car c'est toi qui donnas au monde
Hercule avant Agamemnon.

II

Pour toi prodiguant sa puissance,
O fils d'Alcmène, Jupiter
Veut que, la nuit de ta naissance,
Phébé s'arrête dans l'éther ;

III

Il retarde l'ardent quadrige
Du soleil lui-même étonné,
Annonçant par un tel prodige,
L'homme aux prodiges destiné !

IV

Hercule naquit, et la terre
Sentit, du couchant au levant,
Venir ce héros du mystère,
Ce libérateur triomphant ;

V

Il vient ! Le dieu futur commence,
Eternel objet de nos chants,
Ses longs travaux, sa tâche immense,
Par les monstres et les méchants !

VI

Sa main, pour la justice armée,
Renverse, calme et sans efforts,
L'horrible lion de Némée
Et Géryon au triple corps;

VII

Il fait boire aux chevaux de Thrace
Le sang de leur maître cruel,
Et traîne, muet sur sa trace,
Cerbère à la clarté du ciel;

VIII

Dans le jardin des Hespérides,
Dont le gardien jamais ne dort,
Il pénètre, et ses mains rapides
Dépouillent l'arbre aux pommes d'or;

IX

Au bruit de l'arbre qui balance
Ses rameaux libres de leur poids,
Le dragon se dresse et s'élance;
Mais il est trop tard cette fois!

X

Suivant sa route triomphale,
Hercule réunit deux mers,
Et des noirs oiseaux de Stymphale
Ses flèches délivrent les airs;

XI

Dardanus, le Troyen perfide,
Dans son orgueilleuse cité,
Pâlit à l'approche d'Alcide
Et du châtiment mérité;

XII

Il nous a fallu dix années,
Mais Hercule, en ces temps anciens,
N'eut besoin que de dix journées
Pour abattre les murs troyens.

XIII

Argos, terre en héros féconde,
Gloire à toi, ville de Junon,
Car c'est toi qui donnas au monde
Hercule avant Agamemnon !

FIN DU QUATRIÈME ACTE.

ACTE CINQUIEME

SCÈNE PREMIÈRE

CASSANDRE.

Chante, ville d'Argos ! voici l'heure fatale.....
Jamais Troie, en dix ans, n'a vu d'horreur égale !
Prophétiques fureurs, vous dont j'ai tant souffert,
Je vous aime aujourd'hui pour ce spectacle offert !
L'Esprit jamais en moi n'eut de clartés plus vives ;
J'y suis ; je vois, j'entends, je compte les convives ;
Bien ! je vois un festin qui rappelle à mes yeux
Notre dernier festin au palais des aïeux :
Ces lits grecs sont couverts de la pourpre de Troie,
Le vin circule autour des vainqueurs pleins de joie,
Je vois la coupe d'or du vieil Assaracus
Passer de main en main, dépouille des vaincus ;
Lui-même, Agamemnon, porte, calme et prospère !
Le manteau somptueux, dépouille de mon père.
« Quitte ce vêtement, dit Clytemnestre au roi,
« Prends plutôt celui-ci que j'ai tissé pour toi ;
« Laisse-moi seulement t'en revêtir moi-même... »
La reine, du regard appelle Égysthe blême ;
Iront-ils jusqu'au bout de leur lâche dessein ?
L'adultère va-t-il devenir assassin ?
Par le roi confiant la tunique reçue
L'enveloppe et l'étreint de ses plis sans issue ;
Égysthe armé s'approche et lui perce le flanc
D'un coup mal assuré, puis s'arrête tremblant.

Ainsi qu'un sanglier, dans les hautes broussailles,
Du filet des chasseurs cherche à rompre les mailles
Et dans ces nœuds mortels se débat vainement,
Ainsi le roi, captif du fatal vêtement,
Cherchant son ennemi de ses mains prisonnières,
Épuise son courage et ses forces dernières.
Dieux ! Que vois-je ?... Du meurtre accusant la lenteur,
Clytemnestre, pareille au sacrificateur
Dont l'œil choisit la place où frapper la victime,
Saisit, lève une hache... et consomme le crime !
La tête du roi tombe ; ô spectacle hideux !
Les bourreaux sur ce corps s'acharnent tous les deux ;
Trop dignes héritiers d'une race inhumaine :
L'un est fils de Thyeste, et l'autre sœur d'Hélène !
— Troyens, le ciel est juste : Ilion est vengé.

(Cassandre se retire dans le temple à gauche.)

SCÈNE II

ÉLECTRE, puis STROPHIUS, ORESTE et PYLADE.

ÉLECTRE (entraînant Oreste hors du palais).
Fuis pour venger plus tard notre père égorgé ;
Fuis : notre mère est là ! Fuis : Égysthe est le maître !
Pour toi c'est l'esclavage, et c'est la mort peut-être ;
Où te cacher ?... O dieux ! ne m'entendrez-vous pas ?
Comment leur dérober la trace de tes pas ?
Partout la trahison, la lâcheté, la haine !...
— Quel est cet étranger qu'un char rapide amène ?...
Crains sa présence, Oreste, ô mon frère !... mais non :
Ne crains que nos parents, ô fils d'Agamemnon !
Celui qui vient vers nous est le roi de Phocide,
Strophius, notre ami ; ton destin se décide !

STROPHIUS.
Esclaves, contenez mes coursiers frémissants.
— Quelle double allégresse aujourd'hui je ressens !

ACTE CINQUIÈME.

Triomphant dans les jeux olympiques, ma joie
S'augmente de revoir l'ami vainqueur de Troie!
O cher Agamemnon, je t'amène mon fils,
Pylade; sur mon char pendant la lutte assis,
Il vient t'offrir, ami, ma dernière victoire,
Et mettre nos lauriers à l'ombre de ta gloire!
— Entrons, Pylade!

ÉLECTRE (quittant l'autel où elle s'était réfugiée avec Oreste).
Non! non! n'entrez pas.

STROPHIUS

C'est toi,
Électre!... Ces regards, ce trouble, cet effroi...
Pourquoi ce désespoir en un jour si prospère?
Réponds.

ÉLECTRE.

Ma mère ici vient de tuer mon père!
L'adultère triomphe : Égysthe est roi!

STROPHIUS.

Grands Dieux!
Rien ne peut donc durer que le crime en ces lieux!
Implacables destins!

ÉLECTRE.

O roi, je t'en conjure,
Sois meilleur que les dieux, toi qui hais le parjure!
Ne laisse pas cette œuvre horrible s'achever;
Emmène et cache Oreste!

STROPHIUS.

Oui, je veux le sauver,
Quel que soit le péril : c'est le bonheur qui trouve
Les amitiés, et c'est le malheur qui les prouve!
— Mais, Électre, toi-même, à te sauver aussi
Je suis prêt.

ÉLECTRE.

Oh! non; moi, j'attends ma mère ici!

STROPHIUS, à Oreste.

Viens donc, pauvre enfant! Prends cette palme conquise
Par mes chevaux vainqueurs dans les courses de Pise;
Prends la couronne encor : ce don de Jupiter,
Enfant, protégera tes jours mieux que le fer!
— Toi, Pylade, mon fils, que le malheur des autres
T'enseigne, comme à moi, quels devoirs sont les nôtres!
Regarde cet enfant : né du plus grand des rois,
Trône, père, patrie, il perd tout à la fois;
Rien ne lui reste, heureux s'il échappe à sa mère!
Il est pauvre, orphelin, exilé; sois son frère,
Et que ton dévoûment le suivant en chemin
Soit l'exemple éternel du dévoûment humain!

ÉLECTRE.

Pylade, aime-le bien, ce frère qu'on te donne!
Tu vois : il est de ceux que le ciel abandonne;
L'ombre des noirs destins est déjà sur son front;
Les terreurs d'aujourd'hui peut-être le suivront;
Protége-le, du moins, par ta douce tendresse,
Rappelle-lui sa sœur...

STROPHIUS.

          Electre, l'heure presse !
Le crime nous épie...

ÉLECTRE.

          Et lui, n'attendrait pas!
Un seul baiser encore! Adieu, mon frère! — Hélas!

(Strophius sort, emmenant Oreste et Pylade.)

ÉLECTRE (les suivant du regard).

Ils sont partis! Le char, dans sa fuite rapide,
Vole et bondit au loin sous la main qui le guide.
— Venez, mes ennemis, maintenant, venez tous!
J'irai, je vais moi-même au-devant de vos coups...
La voici, la voici ma mère!... son visage
Est encor tout livide et tout gonflé de rage,

Le sang couvre ses mains et sa robe, et ses yeux
De leur éclair sinistre épouvantent les cieux !
Malgré moi je frémis... Qui pourra me défendre ?

(Cassandre entre et se place à l'autel du milieu.)

O fille de Priam ! protége-moi, Cassandre !
Prête-moi tes bandeaux sacrés, à cet autel
Fais-moi place, offrons-nous ensemble au coup mortel,
Soyons sœurs dans la mort !

CASSANDRE.

S'il faut qu'on te soutienne,
Fille d'Agamemnon, prends ma main dans la tienne ;
En ce combat cruel je peux te secourir,
Électre : tes parents m'ont appris à souffrir !

SCÈNE III

ÉLECTRE, CASSANDRE (placées au pied de l'autel).
CLYTEMNESTRE, puis ÉGYSTHE, GARDES.

CLYTEMNESTRE.

Électre ici !... Quittant le toit de la famille,
Rebelle à la pudeur...

ÉLECTRE.

Puisque je suis ta fille !

CLYTEMNESTRE.

Est-ce là le langage, ô cœur audacieux,
Qu'une femme...

ÉLECTRE.

Le fer aux femmes sied-il mieux ?

CLYTEMNESTRE.

Pour me cacher ton frère, est-tu mon ennemie ?
Pourquoi fuir mon palais ?

ÉLECTRE.

Je fuis ton infamie.

CLYTEMNESTRE.

Obéis-moi : Je viens...

ÉLECTRE.

M'enseigner mon devoir ?

CLYTEMNESTRE.

Avant qu'il soit longtemps tu le pourras savoir :
Je suis reine !

ÉLECTRE.

Non, non : veuve, et veuve adultère !

CLYTEMNESTRE.

Malheureuse ! Rends-moi mon fils !

ÉLECTRE.

Rends-moi mon père !

CLYTEMNESTRE.

Dis où se cache Oreste !

ÉLECTRE.

A ton nouvel époux
Offre une autre victime : Oreste est loin de vous,
Tu ne le verras plus.

CASSANDRE.

Peut-être, jeune fille :
On se retrouve tôt ou tard dans la famille !

ÉLECTRE.

Oui, j'ai sauvé ton fils, ma mère : venge-toi !

CLYTEMNESTRE.

Tu mourras.

ELECTRE.

De ta main, j'espère ! Frappe-moi.
Je quitte cet autel, cet abri tutélaire ;
Choisis pour moi la mort qui pourra mieux te plaire,
Frappe : tranche ma tête, ou perce-moi le sein,
Mourir m'est doux, pourvu que ce soit de ta main !
Qu'attends-tu ? Dans mon sang lave ta main sanglante.

CLYTEMNESTRE (à Égysthe qui entre).

Viens, Égysthe, viens voir une fille insolente

Qui nous cache son frère, et, fuyant ma maison,
Ajoute encor l'insulte à cette trahison !

ÉGYSTHE.

Électre, écoute-moi : Prends garde ! Que la rage
Contre ta mère au moins s'interdise l'outrage !

ÉLECTRE.

Tu viens peut-être aussi m'enseigner mon devoir,
Égysthe ! Toi l'auteur du crime le plus noir,
Toi, l'homme au nom douteux, né d'un honteux mystère,
Toi, le fils de ta sœur, petit-fils de ton père !
Frappe donc ; c'est mon tour ; frappe ; c'est le moment !

CLYTEMNESTRE.

Oui, tu vas mourir !

ÉGYSTHE, à Électre.

Non : tu mourras lentement ;
Dans un cachot profond tu descendras vivante,
Tu connaîtras la faim et l'obscure épouvante ;
Invisible aux humains, seule, traînant les fers,
Ton supplice n'aura qu'un terme : les enfers !

ÉLECTRE.

Accorde-moi la mort !

ÉGYSTHE.

Demande alors la vie !
Aime-la, si tu veux qu'elle te soit ravie.
J'en juge bien : un roi n'est habile ni fort,
S'il n'a pour se venger des vivants que la mort !

ÉLECTRE.

Ta présence est pour moi le plus cruel supplice ;
Tout autre me plaira. Que mon sort s'accomplisse !

ÉGYSTHE.

Ma vengeance implacable, Électre, est donc sur toi !
Va pleurer, va gémir, va frémir sous ma loi ;
Si le frère m'échappe encor, la sœur me reste.
Adieu, fille d'Atride !

ÉLECTRE.

Adieu, fils de Thyeste !

CLYTEMNESTRE, à Égysthe.

Tu le veux, qu'elle vive. — Esclaves, saisissez
Et traînez loin d'Argos ce monstre. Obéissez.

(Montrant Cassandre).

Mais elle, la captive obscure dont l'audace
Aspire au lit royal, pour elle point de grâce !
Qu'on l'arrache à l'autel, et qu'elle meure ici !

CASSANDRE, descendant de l'autel.

Attends : c'est moi qui viens ! — Clytemnestre, merci !
Je vais à mes Troyens, au bord des fleuves sombres,
Annoncer tes forfaits pour consoler leurs ombres ;
Tu l'ordonnes, je vais rejoindre Agamemnon ;
Quelqu'un nous vengera, dont je connais le nom !
Le crime a deux moissons : sitôt qu'à la lumière
Le criminel heureux récolte la première,
La seconde grandit dans l'ombre lentement,
Et sous chaque forfait germe le châtiment !

CLYTEMNESTRE.

J'attendrai donc le mien, sans que mon front pâlisse ;
Tu n'en jouiras pas du moins : marche au supplice !

ÉGYSTHE.

Meurs avec ton orgueil, meurs avec tes défis !

CLYTEMNESTRE.

Vile esclave, qui donc te vengera ?

CASSANDRE.

Ton fils !

FIN.

www.ingramcontent.com/pod-product-compliance
Lightning Source LLC
Chambersburg PA
CBHW070710050426
42451CB00008B/575